Die Lehrerin stellt nachts Zettel her

Kinder über Schule, Zeugnisse und Kaugummiverbot

Herausgegeben von Sybille Ekrut und
Barbara Pueschel

Aufgeschrieben und illustriert von
den Schülerinnen und Schülern der
Schule Arnkielstraße und der Schule
Bahrenfelder Straße in Hamburg

KINDERMUND
im BAUMHAUS VERLAG

Die Schultüte soll den Kindern die Schule verzuckern.

An meinem ersten Schultag habe ich mich gefreut weil ich ja noch nicht wuste wie die Schule ist.

Am ersten Schultag hatte ich noch eine Schultüte in der Hand und jetzt bin ich bald schon in der 10. Klasse.

Im ersten Schuljahr
habe ich gelernt, welche Farben
es gibt und solche Sachen.

Im ersten Schuljahr lernt man
viel, Zahlen, ABC und wo die Kla
sind.

Im ersten Schuljahr lernt man seine Lehréin kennen und das ABC.

Im ersten Schuljahr lernt man 1+1=
und andere Baby-Aufgaben.
30 + 1 = 31
10 + 15 = 25
50 + 50 =

Mathearbeiten finde ich cool, weil ich so gut in Mathe bin. Und darum finde ich Diktate auch doof.

Ein Lehrer Unterichtet den ganzen Tag, bis er fertig ist.

Eine Lehrerin braucht unbedingt ein großes Gehirn.

Unser Lehrer weiss manchmal nicht, wo sein Kopf steht.

Eine Lehrerin muß gut meckern könn-
en, weil die Kinder brauchen das.

Ohne Geduld
kann man keine
Lehrerin sein.

Ich möchte höchstens Lehrerin
werden, wenn die Schule erst um 10°°
anfängt. Vorher schlafe ich nämlich
noch.

Lehrerinnen sollen nicht zu streng und
nicht zu lieb sein sondern genau
dazwischen.

Eine Lehrerin muß wenigstens schrei-
ben und Mathe können.

Ich möchte gerne Lehrerin sein, dann
sind die Kinder meine Fans.

Eine Lehrerin braucht erst einmal
Geduld. Dann braucht sie beruhigtes
Blut und zum Schluss muss sie die
Kinder mögen.

Wenn ich schaukele fühle ich

mich so schön luftig an.

Unser Schulhof ist geil – da kann man laut sein.

Die Schulsekretärin telefoniert fast den ganzen Tag.

Die andere zeit klebt sie Pflaster und tröstet die Kinder.

Die Schulsekretärin macht irgendetwas mit dem Pc und prüft, ob die Schüler schulreif sind.

sie arbeitet für die Schule, dass alles schön ist.

Im Kunstunterricht habe ich malen gelernt, z. B. einen Berg.

Im Musickunterricht lernt man die Töne, die man spielen solle

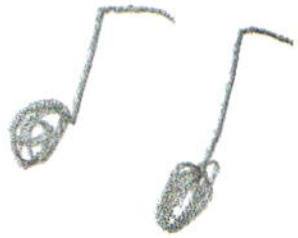

Man kann im Kunstunterricht tuschen, so Fische oder so.

Wahlplichtunterricht. bedeutet so eine Art Kür.

Wenn deine Mütze weg ist dann musst du zum Hausmeister gehen.

Der Hausmeister ist für die Lampen da und wenn eine Scheibe kaputtgeht.

Jede schule braucht einen
Zaunmeister, der nacht aufpa
ßt. Unserer nimmt dafür seinen
Hund.

Der Turmeister kriegt kaputte
Sachen wieder heil hin und holt
die Bälle vom Dach.

Der Hausmeister ist eine Art Nachtwächter.

Wenn man nachdenkt, krigt man eine Portion Klugheit in den Kopf.

Schule ist nur für Frühaufsteher gut.

Hausaufgaben sind blöd
weil ich zuhause überstunden
machen muss.

Das Beste an der Schule ist
Freitag letzte Stunde. Dann
kann der Spaß losgehen.

Ich habe
in der Schule gelernt,
schlau zu sein.

Ich finde Schule gut, wenn
ich Lust habe, wenn nicht, dann
nicht.

Beim Schulfotografen muß man ein lachendes Gesichte haben und darf nicht wackeln.

Beim Schulfotografen muß man englisch reden, z.B. cheese und spagetti.

Ich finde Diktat blöd, weil ich immer Alles valsch schreibe.

Wenn wir einen Test schreiben kriege ich immer Panik.

Der Schulleiter ist dazu da, um die Schule noch im Griff zu behalten.

Der Schulleiter verhindert, dass wer einbrechen kann.

Die Putzfrauen machen alles sauber, sonst wäre ja alles dreckig.

Der Schulleiter ist der Kapitän von der ganzen schule. Er kann alles bestimmen.

Der Schulleiter macht den ganzen Papierkram und bestellt die Hefte für uns.

Der Schulleiter sagt allen, was abgeht.

Der Schulleiter gibt den Schildkröten Futter.

Mein schlechtestes Fach ist Schwimmen, weil ich immer ersaufe.

In der Schulcafeteria gibt es nix aus Schwein, weil viele Kinder bloß Schbweinloses essen dürfen.

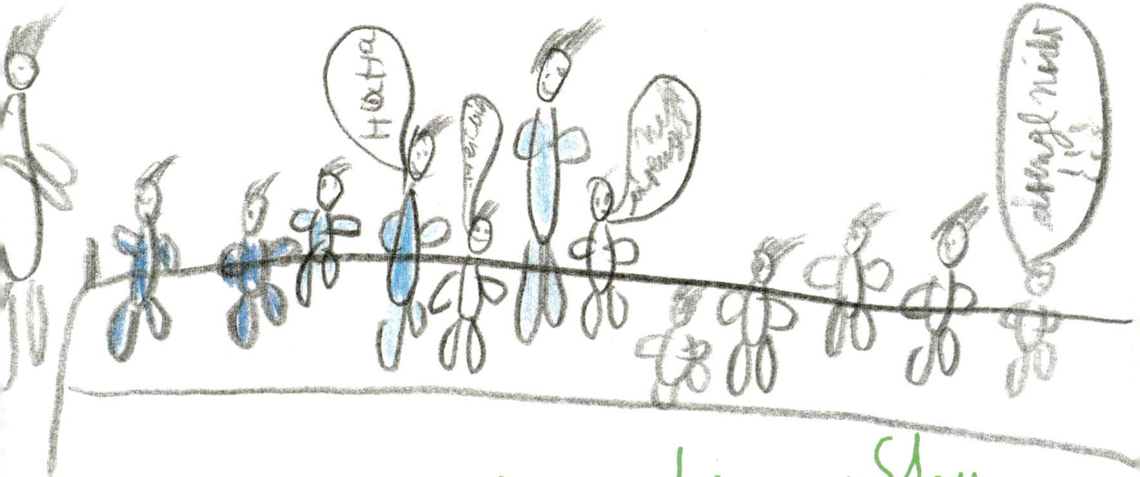

In der Cafeteria ist immer Stau.
Am längsten ist er bei hot dogs.

Hofreinigung bedeutet Müll gabeln.
Washiersorumliegt
Klopapir
Haha

Hofreinigung machen beteutet:
eklig, geil, stinkend.
UNDDANN MUSSMAN AUCHNOCH INDER HITZE MÜLL SAMELN!
IGIT
wungs!!
BITTE SEHR

Auf Klassenreisen
im normalen

habe ich einen Bettnachbarn.

Leben nicht.

Ausflüge finde ich schön,
weil da lernen wi-
r was.

Kaugummi kauen
ist in der Turnhalle
strengverboten wegen
der Erwürgungs gefahr.

Frau Schwager
Herr Froschauer
Schwarze Sohlen dürfen nicht in die Turnhalle.

Die Streitscheichterin
verträgt die Kinder

Der Sozialarbeiter arbeitet am sozialischen Verhalten der Schüler.

Ich habe in der Schule Angst vor gar keinem, weil ich einen großen Bruder habe.

im Sachkundeunterricht lernt man, woher die Eier kommen.

Die Natur ist eine Erfindung von Himmel Und Erde und dazwischen liegt der Horizant.

Jesus wurde berühmt als
er seine 10 Angebote
gemacht hat.

Wenn wir Zeugnisse kriegen, habe ich immer Paraneuer.

Zeugnisschreiben ist eine typische Lehrerarbeit. Andere machen das nicht.

Wenn wir Zeugnisse kriegen, wissen wir, das das Jahr vorbei ist.

Wir bedanken uns bei den fleißigen Mitarbeiterinnen und Mitarbeitern der Schulen Arnkielstraße und Bahrenfelder Straße und allen anderen kreativen Mitstreitern:

Cansu, Alfons, Lovis, Gorina, Hannah, Linn, Dominique, Silan, Anna-Laura, Göghan, Tarkan, Moritz, Sebas, Arthur, Lukas, Dejan, Güley, Gamse, Anthony, Kevin, Tahir, Ava, Ronja, Esra S., Esra Y., Kübra, Jeannette, Benjamin, Luk, Martin, Yaren, Nara, Ozan, Eren, Fatma, Dunja, Ekaterina, Morris, Gerrit, Sinan, Seyfullah, Sinan, Ahmet, Jonathan, Mario, Hasan, Sarah, Arlina, Cem, Chris, Gloria, Irem, Jannina, Jannis, Kiriaki, Maamon, Mert, Milina, Nikola, Samantha, Selim, Sevil, Volkan, Alesja, Alpay, Alsi, Cem, Christian, Demet, Elif, Emine, Enes, Ferhat, Heinrich, Helen, Jan-Ole, Jennifer, Jonas, Marcel, Mustafa, Nicola, Oya, Sezer, Thebana

Überarbeitete Neuausgabe

Herausgeber der Reihe KINDERMUND: Vito von Eichborn

Umschlag- und Innengestaltung:
Matrix Typographie & Gestaltung,
Christina Modi & Maren Orlowski, Hamburg
Printed in Germany
ISBN 978-3-8339-4236-5

Gesamtverzeichnis schickt gern:
Baumhaus Verlag
www.baumhaus-verlag.de